AF338691

# LE MARIAGE RELIGIEUX

## ET

## L'AVENIR D'HAÏTI

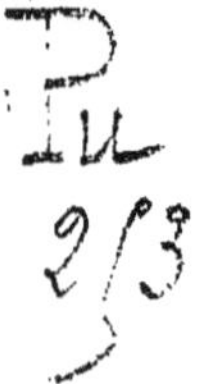

# LE

# MARIAGE RELIGIEUX

## ET L'AVENIR D'HAÏTI

PAR

## MONSEIGNEUR L'ARCHEVÊQUE

### DE PORT-AU-PRINCE

# LE MARIAGE RELIGIEUX

ET

## L'AVENIR D'HAÏTI.

## I. — Motifs de cette publication.

Je ne pense pas que personne, en Haïti, puisse douter
sérieusement de mon amour et de mon dévouement pour le
pays. Il y a treize ans que j'en donne des preuves non
équivoques, et, si je ne me fais illusion, parfaitement com-
prises de nos populations. Depuis 1864, l'Église et la société
haïtienne ont traversé des jours bien mauvais. Il m'a fallu
souvent, au milieu de tant d'épreuves, défendre la cause du
droit et de la justice outragés ; réclamer la légitime indépendance de l'autorité spirituelle et le libre exercice du
ministère sacré ; relever le moral de nos populations abattues ;
visiter et consoler dans leur cachot les vainqueurs de la
veille, conspués le lendemain et jetés dans les fers. En ces
cruels moments, j'ai sollicité le retour des exilés et la grâce
des condamnés à mort. J'ai assisté ces derniers ; je les ai
soutenus sur mon bras, exhortés, réconciliés avec Dieu,
lorsqu'ils traversaient les rues de la capitale en marchant

au supplice, à travers les huées et les insultes de la multitude. Il n'y a pas de malheur public auquel je ne me sois
associé, pas d'œuvre utile à laquelle je n'aie donné mon
concours.

On me pardonnera de rappeler ces souvenirs à l'heure
présente : j'en ai le droit et le devoir.

Dans l'accomplissement de ma tâche si délicate et si difficile, je me suis toujours gardé, comme chacun le sait, de
m'immiscer dans les affaires politiques du pays. L'acquit de
ma conscience et le désir sincère d'être utile — je crois
pouvoir me rendre encore ce témoignage — ont été constam-
ment le seul mobile de ma conduite. Je ne pense pas non
plus avoir blessé volontairement personne.

Cependant qu'est-il arrivé ?

C'est pour la seconde fois depuis dix-huit mois que je
suis signalé comme un malfaiteur, et menacé, ainsi que le
clergé dont j'ai l'honneur d'être le chef, de la prison et des
autres peines que les lois infligent aux rebelles, aux voleurs
et aux ennemis de la société.

Que la plume de quelque jeune libre-penseur se fût éver-
tuée à exercer sur un de mes mandements ou sur quelque
acte de mon administration une critique mêlée d'impiété et
de mauvais goût, je n'en aurais nul souci : n'est-ce pas le
pain quotidien des évêques de tous les pays dans les tristes
temps que nous traversons ? Mais que la première colonne
du *Moniteur officiel* du 1er mars ait fait à mon sujet et
à celui du clergé l'exhibition de certaines lois pénales qui
nous rangent dans la catégorie des coupables, de ceux que
la société bannit de son sein, j'en ai été, je l'avoue, profondément affligé à tous égards.

Quelle est donc la cause de cet orage ?

Connaissant toutes les erreurs qui circulent parmi mon

troupeau sur le saint mariage, erreurs auxquelles des personnes, même remplissant leurs devoirs religieux, ne sont pas étrangères, et professées hautement au *Moniteur officiel* à une époque encore bien rapprochée de nous; témoin désolé de tant d'unions illégitimes qui souillent notre jeune société, j'ai regardé comme un devoir d'exposer sommairement, dans mon mandement de carême pour l'année courante, l'enseignement de l'Eglise sur une matière si importante. Je l'ai fait sans ombre de personnalité, sans aucune vue d'empiétement sur le terrain de l'Etat, mais dans le seul intérêt de la vérité. Loin d'attaquer en quoi que ce soit les droits et prérogatives propres au pouvoir civil, j'ai hautement proclamé que c'était à lui de régler les droits temporels des époux. Je me suis borné, en un mot, à l'exposé pur et simple de la doctrine catholique sur le sacrement de mariage.

De plus, dans mes dernières tournées pastorales, je me suis vu entouré de *treize cent dix* de mes diocésains qui désiraient sortir d'une situation réprouvée par la Religion et la morale, situation déplorable où ils étaient presque tous engagés depuis longtemps. Leur triste état m'a serré le cœur, et je n'ai pas cru pouvoir me dispenser, dans l'intérêt du pays lui-même, de leur prêter mon ministère pour l'accomplissement d'un devoir purement spirituel et urgent. Je les ai unis par les liens du mariage religieux, en les engageant d'ailleurs à faire au plus tôt, près des autorités compétentes, les démarches nécessaires pour obtenir la jouissance des droits civils que la loi confère aux personnes unies par le mariage.

Voilà tout ce qui a donné lieu à la publication menaçante du *Moniteur* du 1er mars.

Cette publication a causé une certaine émotion dans le

pays. On a essayé de faire croire à l'esprit de *domination,*
à l'empiétement du clergé, à l'*obscurantisme clérical,*
à l'importation en Haïti *des ruines décrépites du moyen-
âge,* etc. Ces insinuations peut-être feraient désirer
à quelques esprits, d'ailleurs droits et bienveillants, d'être
plus amplement renseignés sur ce grave sujet du mariage.

Pour tous ces motifs, je regarde comme un devoir
d'y revenir.

En ce qui est de mon mandement, personne, je le pense,
ne saurait trouver étrange que j'expose à mes diocésains,
dont la presque totalité est catholique, l'enseignement de la
sainte Église sur le mariage chrétien. Si j'ai failli en quelque
chose dans cet écrit, c'est au Souverain-Pontife à me
reprendre. Je le lui soumets en toute humilité et obéissance,
comme au juge infaillible de la doctrine.

Mais quant à la liberté du mariage religieux, engagée
dans ce débat, je ne saurais la laisser attaquer sans présenter
à ce sujet quelques rapides considérations, suffisantes toutefois pour porter la conviction dans les esprits. J'espère
témoigner une fois de plus de tout l'intérêt que je prends
à l'avancement moral et matériel du pays, en m'efforçant
de jeter la lumière sur une des questions dont la solution
nette et sans ambages peut y contribuer le plus.

Je prie avant tout le lecteur de peser mûrement chacune
des courtes considérations que je vais exposer, et de ne se
laisser préoccuper par aucune idée préconçue, et surtout
par aucune passion antireligieuse, dans une si importante
matière.


## II. — La Question.


Bien poser une question, c'est souvent la résoudre.

Lorsqu'on veut attaquer l'Église et passionner les esprits contre elle ou ses ministres, c'est une tactique bien connue que de changer les termes de la thèse et de mettre en avant certaines raisons spécieuses, certains principes que personne ne conteste, pour les tourner contre la doctrine catholique ou contre la liberté du ministère ecclésiastique. Je n'accuse les intentions de personne ; mais, avec ou sans intention, n'est-ce pas ce qui se fait dans le présent débat ? Au lieu de se demander si vraiment mon mandement du 6 janvier ne contient pas autre chose que ce qui s'enseigne dans le monde, catholique depuis tantôt dix-neuf siècles ; au lieu d'examiner si la loi exigeant la présentation des actes civils avant la célébration du mariage religieux a une utilité réelle, si dans une foule de cas elle n'est pas en opposition avec les devoirs du prêtre, si elle n'est pas fatale à la marche progressive du mariage et à la régularisation de l'état civil des citoyens, etc., etc., on a dit en substance : « Eh quoi ! le pouvoir civil ne peut-il donc pas faire des lois sur le mariage ? Ses droits ne sont-ils pas usurpés ? Peut-on laisser impunément compromettre l'avenir des familles, la légitimité des enfants ? »

C'est tout simplement déplacer la question. Il ne s'agit de rien de semblable. Je proteste hautement qu'il n'entre en aucune sorte dans mon intention de contester au pouvoir civil le droit de faire des lois relatives au mariage et d'en régler les effets temporels.

Je proteste avec la même énergie que je n'entends en aucune sorte empêcher la comparution des époux devant le magistrat civil pour faire inscrire l'acte matrimonial sur les registres de la commune. Bien au contraire, tous ceux qui m'ont entendu savent parfaitement que j'y ai exhorté les fidèles toutes les fois que l'occasion s'en est présentée.

J'ai même insisté sur ce point, en faisant considérer aux nouveaux époux cette formalité comme un devoir, tant dans leur propre intérêt que dans celui de leurs enfants. Je déclare fausse et calomnieuse toute imputation contraire, et je la repousse comme opposée à la vérité, comme injurieuse à mon caractère.

Je proteste également contre la pensée que l'on prête au clergé de chercher à empiéter sur les droits de l'État et à s'emparer de la tenue des registres de l'état civil. Il est avéré au contraire que, sous le Gouvernement déchu comme sous le Gouvernement actuel, j'ai offert mon concours le plus entier et celui de mon clergé pour faciliter à MM. les Magistrats communaux la confection des actes civils, afin de contribuer par là, autant qu'il était en nous, à la situation régulière des familles, au point de vue temporel, aussi bien que sous le rapport religieux.

De quoi donc s'agit-il, et quel est le véritable état de la question ?

Ce que nous demandons, non moins dans l'intérêt temporel que dans l'intérêt religieux des familles, c'est l'affranchissement du sacrement de mariage de la contrainte qui lui est imposée, contrainte déplorable, qui prive, en Haïti, une foule immense de personnes de la grâce de ce sacrement, et fait qu'elles restent, au grand détriment de leur conscience et de la moralité publique, dans un honteux concubinage, où elles sont exposées à mourir sans s'être réconciliées avec Dieu.

Ce que nous demandons, c'est que les curés et autres ecclésiastiques chargés de pourvoir au salut des âmes, gardiens nés de la morale évangélique, investis de la sainte mission de mettre la conscience des fidèles en harmonie avec les lois de Dieu, ne soient pas troublés dans l'exercice de ce ministère éminemment civilisateur ; qu'ils soient, comme la raison l'exige et comme le Concordat le réclame, *libres de le remplir conformément à la discipline en vigueur dans l'Église, approuvée par le Saint-Siége, sans que leur liberté puisse être entravée par aucune disposition contraire des lois de la République, ou aucune interprétation contraire des dites lois ou des usages en vigueur* (1).

Ce que nous demandons, c'est que dans un pays catholique comme Haïti, la loi civile laisse au clergé et aux fidèles une pleine et entière liberté dans l'accomplissement de leurs obligations les plus graves, et fasse disparaître par là une source permanente d'embarras et de conflits.

Il s'agit, comme on le voit, d'une question religieuse et sociale au plus haut degré, intimement unie à la liberté de conscience ; d'une question de moralité, d'honneur pour les individus et pour les familles. Ce sont ces intérêts de premier ordre qu'il s'agit de défendre et de relever en Haïti. Nous essaierons de le faire, tout en montrant avec évidence que le bienfaisant exercice du ministère sacré par rapport au mariage religieux n'apporte aucun préjudice aux droits et prérogatives de l'État, et qu'il est le plus sûr, ou plutôt l'unique moyen de régulariser promptement, même au point de vue civil, la situation de la société haïtienne.

## III. — La Situation.

Quel est l'état du pays par rapport au mariage ? Ne craignons pas de l'envisager en face. Il le faut bien, si nous voulons y appliquer le remède convenable, juger sainement

(1) Art. 16 et 17.

des immenses services que la libre action du clergé peut rendre à la régénération de notre société, et reconnaître l'importance de ceux qu'elle a déjà rendus à cette œuvre capitale.

Toutefois, je l'avoue, à la pensée de faire le triste tableau de la situation, telle que l'expérience de treize années m'a appris à la connaître, je me sens saisi d'une compassion profonde pour mon cher troupeau, et je m'arrête. Je ne saurais oublier que je suis le père spirituel de la famille haïtienne; je l'aime trop pour en dire du mal, même lorsque le mal est public et connu de tous. C'est assez de gémir en secret sur les désordres dont je suis, avec l'élite du pays, le témoin désolé. J'aime mieux dire combien je suis heureux de constater que le niveau de la moralité publique, par rapport au mariage, tend à hausser dans des proportions consolantes. On ne refusera pas, je l'espère, à l'Église la juste part d'honneur et de reconnaissance qui lui revient à cette occasion; je la réclamerai tout-à-l'heure. Mais que nous sommes encore loin du but, et cela à tous les degrés de l'échelle! Je l'ai constaté une fois de plus, les yeux pleins de larmes, dans ma dernière tournée pastorale, malgré les joies que j'ai recueillies et les belles espérances qu'elle m'a données.

Se préoccupe-t-on, autant qu'on le devrait, d'un état de choses si alarmant? Hélas ! il faut bien le dire, on ne s'en émeut pas assez. La longue habitude de le voir de près fait que l'on s'accoutume à le regarder d'un œil indifférent. Cependant c'est là que gît le principal obstacle à la restauration morale du pays. Que l'on cherche à faire entrer notre belle Haïti dans les voies de la civilisation matérielle, qui a pris, en ce siècle, un si rapide essor chez tous les peuples, je le comprends. Mais le mariage n'est-il pas la loi première et fondamentale de toute société, et peut-on espérer d'engager sérieusement le pays dans la route du véritable progrès si l'on ne met à la base le mariage chrétien ?

Sans le mariage, pas de famille, pas d'éducation, pas d'intérêts domestiques, pas de travail ; rien en un mot de ce qui constitue la vie intellectuelle, morale et matérielle d'un peuple ; rien de ce qui lui assure un brillant et durable avenir. La société haïtienne aspire à prendre un rang honorable parmi les nations civilisées : l'accomplissement de la sainte loi du mariage n'est-elle pas la voie la plus prompte et la plus assurée pour y parvenir ? Les sociétés ne sauraient en effet devenir grandes et prospères que si leurs membres se constituent dans la condition que Dieu lui-même a établie au commencement du monde pour le développement de l'humanité : le mariage.

## IV. — Où est le remède ?

Sous quelle influence peut s'accomplir et s'accomplit visiblement tous les jours la restauration morale du pays par le mariage ? Il faut bien en convenir, c'est sous l'influence de l'action religieuse. Les faits l'établissent de la manière la plus positive.

Reportons un instant nos souvenirs en arrière. Combien peu satisfaisants ont été les résultats obtenus pendant soixante années d'indépendance, avant l'organisation régulière de l'Église ! Alors, cependant, le mariage jouissait en Haïti des mêmes garanties civiles qu'aujourd'hui. Mais que l'empire de la loi humaine est impuissant sur l'esprit et la conduite des peuples, s'il n'est soutenu par la souveraine autorité de la loi divine et secondé par le zèle d'un clergé apôtre! Il y avait, en ce temps-là, des prêtres parmi nos populations, mais ils étaient peu nombreux, et ils gémissaient sous le sceptre usurpateur du pouvoir civil, dont ils dépendaient, même dans l'exercice de leurs fonctions spirituelles. C'est là ce qui explique la stérilité de leur ministère.

Mettez en parallèle l'impulsion donnée au saint mariage depuis 1864, sous le régime du Concordat et de la bienfaisante influence d'un clergé canoniquement organisé et dirigé par ses évêques. Voyez comme la vie morale renaît à l'ombre du mariage catholique ; comme la famille se constitue, comme la conscience se forme, comme la superstition disparaît à mesure que l'éducation chrétienne se développe ; comme tous les éléments de régénération et de progrès viennent se grouper et s'élaborer dans ce foyer de la vraie civilisation ! L'importance de ce résultat, obtenu en si peu d'années et au milieu de tant d'obstacles, ne suffit-elle pas pour démontrer de quelle utilité, disons mieux, de quelle indispensable nécessité est l'action religieuse pour l'établissement de la société domestique, et par conséquent de la société civile elle-même?

Quelqu'un oserait-il le nier encore, malgré tant de preuves ? Je lui mettrais sous les yeux la statistique des enfants légitimes baptisés chaque année dans nos paroisses. C'est un fait remarquable que leur nombre s'accroît d'autant plus que le sentiment religieux est plus développé dans les diverses localités du pays, et que l'action du clergé s'y exerce d'une manière plus immédiate et plus constante.

A Port-au-Prince et dans la banlieue, où il se célébrait tout au plus chaque année cinquante mariages, sur une population de 60,000 âmes, il s'en célèbre aujourd'hui trois cents. Le nombre des naissances légitimes a augmenté en proportion. Dans la paroisse de la cathédrale, elles sont d'un

TIERS, progrès immense dont le pays est étonné. Et pourtant ce chiffre en lui-même est tristement éloquent! Il est donc vrai que dans la meilleure de nos paroisses, les deux tiers de la population continuent à vivre en dehors de la sainte loi du mariage !

Au Bainet, la proportion des naissances légitimes est de près d'un quart, et elle tend à augmenter considérablement, à mesure que le mouvement religieux s'y accentue davantage. Il en est de même à Plaisance, à la Petite-Rivière de l'Artibonite, au Mirebalais et dans plusieurs autres paroisses où l'influence de la Religion est plus sensible. La puissance de l'élément catholique pour régénérer la famille, et avec elle le pays, est donc un fait au-dessus de toute contestation.

Mais à côté de ce courant civilisateur, il y a un courant contraire, dont la force est immense et dont les effets sont de retenir nos populations dans la fange de la vieille barbarie. C'est le courant d'immoralité que des habitudes invétérées, une apathie séculaire, la fièvre égoïste des passions et des intérêts privés, bien souvent l'incurie des autorités locales, et, qu'on me permette de le dire, — je n'y suis que trop autorisé par les entraves qu'on voudrait apporter à la liberté du mariage chrétien, — les scandaleux exemples que donnent un grand nombre de fonctionnaires. N'est-il pas effrayant de rencontrer à chaque pas, parmi ceux qui sont chargés des intérêts temporels du pays, le concubinage, que dis-je? souvent même la polygamie publique? Je ne me sens encore une fois ni le courage, ni la volonté de descendre dans de honteux détails. Qu'on me permette, néanmoins, de reproduire ce que nous apprenaient tout récemment les feuilles publiques du niveau de la moralité dans deux de nos principaux centres de population.

A Jacmel, en avril dernier, sur *trente-cinq* naissances, *une seule* était légitime.

En février, il n'y en avait également qu'*une seule* au Cap-Haïtien, sur *vingt-cinq*.

Ajouterai-je moi-même que dans ma dernière tournée pastorale, ayant interrogé en pleine église un prêtre, qui assurément ne manque pas de zèle, sur l'état moral de sa paroisse, il me répondit en baissant la tête : « Je baptise *deux* enfants légitimes sur *cent*. »

Ce qui m'afflige le plus, c'est que l'immoralité a le droit de se produire à la face du soleil, dans tous les rangs de la société, tandis qu'on ne craint pas de me transformer en ennemi public, lorsque, pour y remédier, j'accomplis le plus saint, le plus utile des ministères, lorsque je m'efforce de faire remplir à mes diocésains les conditions du mariage religieux, tout en les renvoyant à l'autorité séculière pour obtenir la jouissance de leurs droits civils. Et l'on voudrait m'opposer une loi qui consacre de pareilles iniquités ! C'est impossible.

## V. — La conduite et les devoirs du clergé par rapport au mariage.

Le 10 juin 1864, mon vénérable prédécesseur, Mgr du Cosquer, descendit comme archevêque sur les rivages d'Haïti. Dès le début, nous sentîmes tous les obstacles qu'allait créer à notre ministère la défense faite au clergé de célébrer les baptêmes et les mariages sans l'exhibition préalable des actes civils. J'exposai moi-même alors au Gouvernement les difficultés d'une pareille situation. Toutefois, pour éviter un conflit avec le Pouvoir, nous essayâmes loyalement de faire concorder l'accomplissement de nos devoirs, du moins en ce qui concerne le mariage, avec les exigences de la loi, qu'on ne cessait de nous opposer. Quant au baptême, comment eussions-nous pu exposer les pauvres enfants à mourir privés de ce sacrement?

Dix années d'une triste expérience nous apprirent que dans une foule de cas, il nous était impossible d'obtenir les actes civils avant la célébration du mariage, sans nous condamner à laisser dans un état de scandale, réprouvé par la morale et la religion et plein de péril pour le salut, les âmes confiées à nos soins et dont nous répondrons devant le tribunal de Jésus-Christ. Cette incompatibilité entre nos devoirs et l'intérêt des fidèles, d'une part, et la loi sans cesse objectée, de l'autre, existe non seulement à l'égard des personnes qui sont à l'article de la mort, et, comme l'on dit ordinairement, dans les cas *in extremis*, mais dans une foule d'autres circonstances.

Qui ne sait combien il en coûte à nos populations pour se résoudre à l'accomplissement d'une formalité quelconque, religieuse ou civile? Que de personnes négligent encore pendant des années de présenter leurs enfants au baptême, un sacrement si nécessaire, et cela malgré nos recommandations les plus instantes! C'est bien autre chose de déterminer nos chers diocésains au mariage. Dès qu'on leur en parle, mille obstacles se dressent devant eux et viennent paralyser la velléité qu'ils ont de sortir du désordre. Les funestes habitudes dans lesquelles ils croupissent, le milieu dans lequel ils vivent, les exemples qu'ils ont sous les yeux déconcertent leur bonne volonté. Ils sont surtout épouvantés des dépenses qui leur sont imposées par l'usage en semblable circonstance, comme frais de toilette, d'ameublement, de table, pour le jour de la célébration. Il eût fallu au moins



2

aplanir toute autre difficulté : loin de là, on a, dans ces derniers temps, considérablement aggravé la situation par les tarifs imposés au mariage. Car, n'hésitons pas à le dire, un des principaux obstacles qui retiennent les populations dans le péché, c'est le tarif exigé pour les actes civils, et encore aujourd'hui pratiquement en vigueur, même depuis son abolition par le récent vote des Chambres. *Sept piastres* pour les publications et le contrat de mariage! plus *deux piastres* pour la nouvelle expédition des actes de naissance, si souvent perdus par les parties; plus les droits de timbre; plus la concussion, qui n'est pas rare et s'exerce largement, comme on ne l'ignore pas.

Ce qui précède donne suffisamment à entendre quels obstacles rencontre sur ses pas le clergé d'Haïti pour retirer les populations de l'ornière antisociale où elles sont plongées, et les amener à régulariser leur situation devant Dieu et devant l'Église : scandales effrénés, anciennes habitudes, usages reçus, dépenses privées, tarifs dûment ou indûment perçus, etc., etc.

Et c'est dans de semblables conditions qu'on voudrait faire peser sur notre zèle de nouvelles entraves, enchaîner la liberté d'un ministère tout spirituel à l'accomplissement des formalités civiles ?

Sentinelle vigilante, le prêtre doit censurer les désordres, porter autant qu'il est en lui les fidèles à l'observance de la loi divine, prévenir ou réparer les scandales, soutenir ceux qui chancellent, relever ceux qui sont tombés et les réconcilier avec Dieu. Le troubler dans l'exercice de fonctions si importantes, si utiles à la société ; opposer à son dévouement l'amende et d'autres peines plus graves encore ; vouloir le séparer de son troupeau pour un temps ou pour toujours, si, avant d'exercer son ministère, il ne consent pas

à attendre que ses paroissiens, riches ou pauvres, aient payé
à la commune un tarif considérable, qui leur permette d'observer la première loi de la moralité chrétienne, n'est-ce
pas une énormité révoltante à tous les points de vue ? n'est-
ce pas faire au cœur du prêtre la blessure la plus cruelle ?
n'est-ce pas porter dans son âme le découragement et le
dégoût, paralyser son action dans ce qu'elle a de plus nécessaire et de plus grave, arrêter enfin les progrès de la
sainte morale de l'Évangile et frapper à mort la société
civile elle-même ?

Si l'on savait combien il est douloureux pour un évêque
qui visite son diocèse, pour un curé qui va relever sur tous
les points de sa paroisse les ruines spirituelles dont elle est
couverte, de rencontrer sous leurs pas tant d'âmes engagées
dans la voie de la perdition, on comprendrait pourquoi nous
réclamons avec tant d'insistance la liberté de ne pas laisser
plus longtemps nos chers fidèles privés de la dignité, de
l'honneur, de la grâce des enfants de Dieu, que le mariage
chrétien leur assure.

N'est-il pas incontestable, d'ailleurs, qu'en leur faisant
faire ce premier pas, nous les conduisons à l'accomplissement de leurs devoirs civils, et que nous hâtons pour eux
et pour leurs enfants le moment où ils jouiront des droits
que la loi leur accorde ? Quoi ! si nous les laissions croupir
dans le vice, tout serait pour le mieux, on ne nous in-
quiéterait nullement ; et l'on nous traiterait en coupables
pour les avoir relevés au niveau de leurs devoirs d'hommes
et de chrétiens, pour leur avoir inspiré les sentiments honorables qui font les gens de bien et les bons citoyens? Encore
une fois, une loi qui sanctionnerait une pareille iniquité
serait-elle une loi juste, une loi utile à la société? Non,
cela ne saurait être, cela n'est pas.

Revenons à la marche suivie par le clergé dans ces deux dernières années, relativement au mariage.

Malgré tant de difficultés à l'établissement de la famille chrétienne, dix années de travaux et de patience n'avaient pas été sans succès. Comme nous l'avons déjà dit, le nombre des mariages avait pris de larges accroissements dans le pays ; mais il était visible que la contrainte dans laquelle on continuait à vouloir enfermer notre ministère devenait chaque jour plus funeste à la société domestique. Aussi notre conscience nous pressait-elle de plus en plus de procéder à la célébration des mariages lorsque les conditions canoniques étant remplies , nous ne pouvions attendre l'accomplissement des formalités civiles sans laisser nos infortunés chrétiens dans le crime où ils étaient exposés à persévérer indéfiniment si nous ne profitions pás de leur bonne volonté présente pour les en retirer.

Les choses en étaient là lorsque le 11 juilllet 1874 fut publié au *Moniteur* un avis émané de la secrétairerie d'État des cultes, rappelant la défense faite par la loi curiale aux ecclésiastiques de célébrer les mariages avant la présentation de l'acte passé devant le magistrat requis par la loi. Les termes de cet avis officiel insinuaient clairement, ce qui fut formellement déclaré plus tard, savoir que le véritable et légitime mariage s'accomplit par devant l'officier de l'état civil, et que le mariage religieux n'en est que la simple bénédiction.

Monseigneur l'évêque du Cap-Haïtien, arrivant d'Europe, était alors à Port-au-Prince. Il fut comme moi vivement affligé de cette publication ; elle annonçait, en effet, de bien mauvais jours pour l'Église. Nous essayâmes de les prévenir en adressant aussitôt, mon vénérable collègue et moi, une dépêche collective à M. le Secrétaire d'État des cultes.

Nous exposâmes avec la plus grande modération les embarras que nous causerait cette mesure dans une foule de cas où il est urgent de devancer l'accomplissement des formalités civiles pour la célébration du mariage en face de l'Église. Cette réclamation et nos protestations ultérieures furent inutiles. Nous proposâmes différents moyens d'accommodement ; ils ne furent pas acceptés.

Bientôt la question se compliqua par la publication d'un tarif élevé pour les bans et actes civils. Les pauvres mêmes n'étaient pas exceptés. Cet impôt sur la moralité publique mettait le comble aux difficultés de notre ministère. L'appât du gain, joint aux menaces que le gouvernement adressait au clergé, fit pleuvoir les dénonciations contre les prêtres, encore qu'ils ne fussent coupables que d'avoir réconcilié quelques âmes avec Dieu, et que ce fut souvent à l'instant suprême, toujours après avoir engagé les parties à se procurer les actes civils. Des énormités furent commises à cette occasion. Par exemple, dans une de nos paroisses, un pauvre homme, marié par son curé au lit de mort de sa femme, fut forcé de vendre sa bête de charge pour satisfaire l'avidité du magistrat communal, qui exigeait la rigueur du nouveau tarif, et qui rédigea l'acte de mariage, bien que l'épouse fût déjà passée de vie à trépas. La concussion exercée, même sur les pauvres et les mourants, était criante.

Près de deux ans se passèrent dans ces étreintes.

L'année dernière, à peine le président Boisrond-Canal fut-il arrivé au pouvoir que, navré de voir mon clergé rencontrer de si pénibles entraves dans l'accomplissement d'un ministère exclusivement religieux, et appuyé sur les art. 16 et 17 du Concordat, je fis à plusieurs reprises de nouvelles ouvertures pour le réglement de cette question de conscience. J'étais plein d'espoir de réussir. La liberté de notre saint ministère peut-elle donc jamais être contraire au bien des familles et aux intérêts de la société?

Sur ces entrefaites, je fis une visite pastorale dans le diocèse des Gonaïves. Partout sur mon passage, en expliquant au peuple ses devoirs religieux, j'insistai sur l'obligation première d'établir la famille sur ses bases chrétiennes. Que pouvais-je sans cela pour le bien moral de mon troupeau, désolé par tant d'unions illégitimes ? En prêchant le mariage religieux, j'ai recommandé partout à mes ouailles de régulariser leurs droits civils, si elles ne l'avaient déjà fait. Je n'ai point séparé ces deux choses, que je désire tant voir intimement unies : la consécration religieuse du lien conjugal sanctionnée civilement par la loi. Tous ceux qui ont été témoins de ce magnifique mouvement de retour à Dieu, qui s'est opéré sur mon passage, le savent assez. Les bureaux du magistrat communal ont été encombrés pendant mon séjour à Dessalines, à la Petite-Rivière de l'Artibonite, aux Verrettes. Une foule de mariages religieux et de contrats civils ont eu lieu. Plusieurs de ces braves gens, qui n'avaient pas alors les ressources suffisantes pour payer les tarifs exigés, se sont, depuis cette époque, mis en règle avec la commune.

Ce qu'il y a de plus consolant, c'est que l'élan donné se continue. Je recevais, pendant la Semaine sainte, une lettre de M. le Curé de la Petite-Rivière. Il me disait : « Heureuse nouvelle! dimanche dernier, j'ai publié seize mariages. » Le samedi suivant, il me mandait : « De mieux en mieux ! Le saint jour de Pâques, ce ne sont pas seulement seize mariages, mais vingt que j'ai publiés ! » Ces faits parlent d'eux-mêmes. Si j'avais laissé dans l'ignominie les *cinq cent six* personnes qui sont venues me demander de les en faire sortir en novembre dernier, elles y seraient restées, et ce mouvement civilisateur, s'il en fût jamais, ne se serait assurément pas produit.. Il faudrait réellement s'aveugler pour ne pas le voir.

L'élan a été bien autrement remarquable, pendant ma tournée de février et mars dernier, à travers les montagnes du Bainet et des Côtes-de-Fer surtout. Pour peu que le gouvernement nous prête la main, ou simplement qu'il ne trouble pas notre action moralisatrice, bientôt ces excellentes populations, auxquelles l'influence vivifiante du catholicisme a fait tant de bien, seront toutes régulièrement mariées, et le reste du pays suivra un si bel exemple. Qu'il me soit permis de citer ces résultats, déjà accomplis, sans blesser les règles de la modestie, car ce n'est pas à mon humble personne, mais à notre sainte Religion qu'ils sont dus.

Comment, en présence de pareils faits, oserait-on crier à l'envahissement et à l'obscurantisme clérical? Les véritables obscurantistes ne sont-ils pas ceux qui voudraient, par des mesures répressives, arrêter le zèle du clergé et étouffer du même coup les nobles sentiments qu'il éveille dans l'âme de nos populations, au prix de tant de sacrifices? En vérité, dans la situation surtout où se trouve Haïti, un gouvernement sage, des législateurs éclairés et qui aiment leur pays peuvent-ils songer à créer des obstacles, à forger des chaînes aux hommes de cœur que rien n'arrête dans l'accomplissement d'une si belle tâche? N'est-ce pas plutôt pour eux un devoir de conscience et d'honneur de les seconder et de mettre à profit leur dévouement et le résultat fécond de leurs travaux pour l'avancement du pays?

Mon Dieu! pourquoi donc redouter ou jalouser l'action de l'Eglise par rapport au saint mariage? Est-ce que le ministère purement spirituel du prêtre n'est pas là, comme toujours, essentiellement bienfaisant ? Je l'écrivais, en d'autres temps, à la secrétairerie d'Etat des cultes, à propos du baptême : « Toutes les fois qu'un prêtre verse l'eau sainte sur le front d'un enfant, il fait reculer d'autant les bornes de la barbarie. » Je dis la même chose aujourd'hui du mariage chrétien : Chaque fois que la grâce de ce sacrement vient à toucher les âmes des époux unis par l'Eglise, la vieille barbarie recule d'un pas dans le pays, et la vraie civilisation, la civilisation de l'Evangile, y pousse de plus profondes racines. Est-ce que les grandes et saintes idées d'honneur, de fidélité, de modestie, de pudeur, au nom desquelles la religion commande le mariage, ne sont pas en Haïti, comme partout, les plus nécessaires à implanter, à vulgariser dans les âmes ?

Hélas ! à la lueur des événements que nous avons traversés dans ces dernières années, ne suffit-il pas d'avoir un sens tant soit peu élevé pour le comprendre ? Qu'est-ce qui a fait couler tant de sang autour de nous, occasionné tant de désastres, amoncelé tant de ruines, compromis si gravement la fortune publique et fait trembler pour l'avenir ? Nous le savons tous, c'est que le niveau des consciences et de la moralité chrétienne ne s'est pas trouvé à une hauteur suffisante chez un trop grand nombre. Eh ! de grâce, comment espérer qu'il se relèvera, tant que l'abîme du concubinage sera toujours béant au sein du pays, et que l'immense majorité des citoyens s'y débattra sans en sortir ?

Se peut-il que, dans une situation semblable, vous repoussiez la main du prêtre, lorsqu'il vous présente la planche de salut; que vous vouliez le condamner comme désorganisateur de la famille et de la société, quand il vous offre le plus puissant concours pour l'organiser ? Se peut-il que vous invitiez un magistrat communal, un commandant de place ou d'arrondissement à vous le dénoncer, un juge à prononcer contre lui les peines les plus sévères, bien que peut-être, et cela n'est pas rare, leur conduite soit pour le peuple une sorte de provocation vivante au désordre? *Ubinam gentium sumus!*

## VI. — Le mariage religieux et la légalité.
## — Exposé sommaire.

Les besoins les plus intimes du pays réclament la liberté religieuse du mariage; les considérations rapides que nous avons précédemment exposées le démontrent surabondamment.

— Eh! quoi, se récrie immédiatement quelqu'un, ignorez-vous donc la disposition formelle de nos lois? L'art. 177 du Code civil porte expressément : *Tout mariage qui n'a point été célébré devant l'officier de l'état civil peut être attaqué par les époux eux-mêmes, par les père et mère, par les ascendants et par tous ceux qui y ont un intérêt né et actuel, ainsi que par le ministère public.*

Je réponds. L'ordre public, je le sais, dans tout pays bien organisé, repose sur les lois. Aussi rien n'est plus important et plus nécessaire à un peuple que d'avoir de bonnes lois et de s'appuyer sur elles dans la gestion des affaires de l'État. Mais autant les bonnes lois sont nécessaires, indispensables à toute société pour se développer et pour vivre, autant les lois défectueuses, les lois contraires aux vrais principes ont une influence désastreuse sur la direction de la chose publique. Il suffit d'une loi de ce caractère pour entraver les œuvres d'intérêt général, pour encourager les méchants, décourager les bons, opprimer les consciences, frapper la Religion au cœur, créer par là même une source perpétuelle de luttes et de conflits entre l'ordre religieux et civil, pour causer en un mot à la société des maux infinis.

Si j'avais à examiner en elle-même la question du mariage civil (et qu'on veuille bien le remarquer, du *mariage* et non des *formalités* civiles par lesquelles la loi règle les droits temporels des époux), je dirais que le magistrat civil n'est pas un Pontife, et que les formalités remplies devant lui ne peuvent s'élever à la hauteur d'un véritable mariage, qu'elles sont absolument impuissantes à former l'union matrimoniale entre deux personnes. J'ajouterais que je ne saurais comprendre comment, chez un peuple catholique, on peut songer à faire des lois contraires à la religion des citoyens, notamment en cette grave matière du mariage. Quoi ! la doctrine chrétienne nous enseigne et tout catholique est obligé de croire que le mariage est un sacrement, et qu'en dehors du sacrement il n'y a pas de mariage, et voici que la loi autorise, que dis-je ? qu'elle crée une nouvelle sorte d'union extra-sacramentelle, la revêt de l'auguste nom de mariage et confère à elle seule les priviléges et les droits des époux ? Je demanderais s'il n'est pas contraire à toutes les lois de la morale et de l'humanité, s'il n'est pas souverainement odieux d'imposer, au nom de la loi, à deux personnes ainsi fictivement unies, une cohabitation que la foi et la conscience repoussent avec horreur ; — si ce n'est pas l'oppression du sentiment le plus honorable, du sentiment d'un devoir sacré chez la partie fidèle à sa foi au profit de la partie indifférente ou incrédule qui refuserait de faire légitimer son union en face de l'Église ; — je demanderais enfin s'il n'y a pas là une offense gratuite persévéramment infligée aux principes religieux et aux croyances catholiques du pays, et si cette opposition entre la Religion et la loi n'est pas gravement préjudiciable à la moralité publique.

Telle n'a pas été peut-être l'intention du législateur. C'est le fait seul que je signale, et il est avéré.

Malgré tout, il faut bien le reconnaître, Jésus-Christ n'en est pas moins le véritable et unique médecin du genre humain, et si Dieu a fait les nations guérissables, c'est par lui qu'elles peuvent être guéries, et avec lui par l'Église catholique, organe de son action divine. Donc, toutes les fois que l'on met la loi en opposition avec l'Évangile, on ruine au lieu d'édifier, car il est écrit : *Celui qui ne recueille pas avec moi dissipe* (1). Déclarer nulle et de nul effet l'union sacramentelle, cette union que Jésus-Christ proclame inviolable et sacrée, inviter les parties elles-mêmes à en attaquer la validité, requérir l'action du ministère public pour en provoquer la dissolution, obliger les juges à la prononcer ; établir à la place une autre sorte d'union que Jésus-Christ n'a point sanctifiée, que l'Église ne reconnaît pas, et la décorer du nom et des prérogatives du véritable mariage ; sanctionner par une loi une pareille aberration, et cela dans un pays catholique, c'est, quoi qu'on en puisse dire, une chose profondément déplorable. Les institutions qui régissent le pays n'ont-elles donc déclaré la religion base de l'éducation de l'enfance que pour enseigner ensuite aux autres âges de la vie à violer ouvertement les préceptes les plus formels de la loi divine ? N'y a-t-il pas là une contradiction flagrante, propre à déconsidérer en même temps et la religion et la loi elle-même ?

Je livre ces réflexions à la méditation des hommes sensés, et surtout de ceux qui tiennent en main les destinées du pays.

_______

(1). Luc, XI, 23.

Mais laissons quant à présent le *mariage civil,* et passons à un autre point tout différent, bien qu'on le confonde trop souvent avec le premier : je veux parler de la priorité obligatoire des formalités municipales sur le mariage religieux. On lit dans la loi curiale du 16 mars 1819, chap. 3, art. 6 : *Les curés ne pourront célébrer aucun mariage qu'au préalable ils n'aient reçu des parties requérantes les certificats de déclaration à l'état civil, et ce conformément à la loi, et tout acte religieux fait contre les dispositions du présent article sera repréhensible, puisqu'il tendrait à compromettre les intérêts des familles.*

Pour apprécier sainement la valeur actuelle de cette loi, posons-nous quelques questions.

Quelle était la situation de l'Eglise en Haïti, à l'époque où la loi curiale a été portée ? Cette loi n'a-t-elle pas été abrogée depuis, en tout ou en partie, et notamment en ce qui concerne le susdit article ? En la supposant même aujourd'hui en vigueur, son maintien aurait-il une utilité réelle, et ne causerait-il pas aux familles un dommage bien autrement considérable que celui qu'elle a pour but d'éviter ? — D'ailleurs, est-elle en harmonie avec les institutions haïtiennes ?

Nous éclaircirons successivement ces différents points dans les chapitres qui vont suivre.

De grâce, gardons-nous de rapetisser la question aux mesquines proportions d'une querelle d'amour-propre. Il ne s'agit ni de subordonner le ministère du prêtre à l'action du magistrat, ni de soumettre le magistrat au bon vouloir du prêtre, mais bien de donner à l'un et à l'autre l'indépendance qui leur convient, dans l'intérêt du bien commun. C'est en ce sens, et non autrement, que nous entendons la question,

## VII. — La liberté religieuse du mariage garantie par le Concordat. — Annulation de la loi curiale à perpétuité.

Au moment où la loi curiale fut rendue, la situation de l'Eglise en Haïti était toute différente de ce qu'elle est aujourd'hui. Les traditions de la France révolutionnaire, qui s'étaient maintenues en ce pays dans l'ordre religieux, attribuaient au pouvoir civil la direction des affaires ecclésiastiques. Le clergé exerçait son ministère spirituel sous la dépendance du gouvernement et de ses agents. C'était le gouvernement qui acceptait les prêtres étrangers venus pour offrir leur concours à la mission, c'était lui qui donnait les cures et déplaçait les curés. Le supérieur ecclésiastique de nom n'avait en fait d'autre fonction que celle de transmettre les pouvoirs spirituels aux sujets nommés par l'autorité séculière. Sous ce régime, évidemment transitoire de sa nature, il n'est pas étonnant que le prêtre, dans l'administration des sacrements, fût soumis au contrôle du magistrat civil. C'était la conséquence naturelle de l'usurpation de l'Etat sur le domaine de l'Eglise. Quels fruits produisit cette situation complétement anormale et anticanonique ? Chacun le sait. Le gouvernement sentit le premier la nécessité de la voir cesser ; tous les gens éclairés appelèrent de leurs vœux la situation régulière de l'Eglise, et la grande œuvre de 1860 s'accomplit. Le Saint-Père mit sa main vénérable dans celle du président d'Haïti, et le Concordat fut signé.

Une ère nouvelle s'ouvrit pour notre sainte Religion. Le traité solennel du 28 mars, tout en accordant au pouvoir civil des prérogatives plus étendues qu'en aucun pays de l'Europe, rendit à l'autorité ecclésiastique l'indépendance nécessaire pour remplir sa mission sanctifiante et civilisatrice. Nul doute que, sans toucher aux droits de l'État en ce qui a trait au mariage, il n'ait affranchi le sacrement de toute entrave ; nul doute qu'il n'ait assuré au sacerdoce catholique la pleine et entière liberté de combattre efficacement la plaie du concubinage et de retirer du péché des populations entières qui y croupissent, à la honte et au détriment du pays. S'il en était autrement, notre pacte religieux ne serait-il pas frustré d'une de ses fins principales, savoir d'améliorer la condition morale et matérielle du peuple?

Rappelons plutôt les principales dispositions concordataires, qui garantissent la sainte et précieuse liberté du mariage en face de l'Église.

ART. 1er. — « La Religion catholique, apostolique et romaine, qui est la religion de la grande majorité des Haïtiens, sera spécialement protégée, ainsi que ses ministres, dans la République d'Haïti, et *jouira des droits et attributs qui lui sont propres.* »

Assurément parmi les *droits et attributs propres à notre sainte Religion*, il faut compter en première ligne la libre administration des sacrements, et par conséquent du mariage : donc le prêtre catholique ne peut être entravé en aucune manière dans l'exercice de ce ministère d'ordre spirituel et divin. Cette conclusion est parfaitement rigoureuse et n'admet pas de réplique.

ART. 10. — « Les Archevêques et les Évêques, pour le régime de leurs églises, seront libres d'exercer *tout ce qui est dans les attributions de leur ministère pastoral selon les règles canoniques.* »

Or, y a-t-il une matière qui rentre plus essentiellement

dans les *attributions du ministère pastoral des Évêques*
que le mariage? Est-ce que le Concile de Trente n'a pas frappé
d'anathème quiconque oserait nier que les causes matrimo-
niales sont du ressort de l'autorité ecclésiastique? Si le mariage est conforme ou non aux conditions canoniques, s'il
y a lieu d'y procéder, d'accomplir ou d'omettre en certains
cas, par exemple pour éviter un scandale, quelques formalités dont les lois de l'Église réservent la dispense aux ordi-
naires, n'est-ce pas aux Évêques, et non aux magistrats
séculiers, qu'il appartient d'en connaître et d'en juger?
Seraient-ils véritablement *libres en tout ce qui est dans
les attributions de leur ministère pastoral*, s'ils pouvaient, pour avoir célébré ou fait célébrer un mariage religieux *conformément aux règles canoniques* et au devoir
de leur charge, être dénoncés, jugés, condamnés aux peines
les plus graves par l'autorité civile?

Art. 16. — Il est déclaré de la part du Président
d'Haïti, et il est bien entendu de la part du Saint-Siége, que
l'exécution de tout ce qui est stipulé dans le présent Concordat ne pourra être entravé par aucune disposition des
lois de la République d'Haïti ou d'aucune interprétation
contraire desdites lois ou des usages en vigueur. »

Nouvelle garantie donnée à la liberté du saint ministère.
A vrai dire, il n'était pas nécessaire qu'elle fût formulée en
termes exprès. Où seraient la confiance et la sécurité dans
les relations internationales, si le lendemain du pacte signé
il était loisible aux parties contractantes d'alléguer des lois
antérieures ou d'en édicter de nouvelles pour annuler une
à une les clauses d'une convention faite dans un intérêt
commun? Ne serait-ce pas le comble de la mauvaise foi d'é-
tayer sur un fondement si misérable l'infidélité aux engagements solennels sur lesquels repose le droit des gens?

Ceci prévient une objection que j'ai entendu faire quelquefois à la légère et qui tombe d'elle-même, pour peu qu'on veuille réfléchir.

On a dit : « Le Concordat a été élaboré et n'a été accepté que sous l'empire des lois existantes. » Distinguons : il y a lois et lois. Assurément, il n'est pas entré dans la pensée du Saint-Père, en signant le Concordat, de modifier la législation d'Haïti en matière civile ; tel n'était point l'objet de ce traité. Quant aux lois et coutumes concernant la Religion, c'est autre chose. Sinon, à quoi eût servi le Concordat? Autant et mieux eût valu laisser le pays dans l'imbroglio religieux où il se trouvait. Mais comme cela était reconnu impossible, il faut bien admettre que la loi concordataire a dû modifier profondément les lois existantes en matière religieuse ; que toutes celles qui lui sont contraires sont formellement abolies, et qu'elles ne peuvent revivre sous quelque forme que ce soit. Tel est l'objet de l'ART. 16.

Ce n'est donc pas dans les lois antérieures au 28 mars 1860, non plus que dans les mesures rigoureuses prises depuis, qu'il faut aller chercher la règle des devoirs du clergé et de ses rapports vis-à-vis de l'autorité temporelle, mais dans notre pacte religieux, devenu pour tous la règle loyale et bienveillante de leur mutuel et commun accord.

Quelle est cette règle en ce qui concerne le mariage? L'ART. 17 va nous l'apprendre d'une manière non moins claire que les précédents.

ART. 17. — « Tous les points concernant les matières ecclésiastiques non mentionnés au présent Concordat seront réglés conformément à la discipline en vigueur dans l'Église, approuvée par le Saint-Siége. »

Conclusion directe et immédiate : le Concordat ne mentionne aucune disposition particulière par rapport au mariage;

donc il doit être *réglé conformément à la discipline en vigueur dans l'Église, approuvée par le Saint-Siége,* c'est-à-dire célébré par l'Évêque, son vicaire-général, ou le curé d'une des parties contractantes, conformément aux lois de l'Église et sans aucune entrave de la part de l'autorité temporelle.

La conséquence est tellement rigoureuse que l'on ne voit pas comment on pourrait y échapper. Aussi nous croyons qu'il est inutile de rien ajouter à l'évidence de cette démonstration.

Cependant, pour surabondance de droit, nous mettrons sous les yeux de ceux qui prétendraient alléguer encore l'autorité de la loi curiale l'ART. 10 de la convention organique faisant suite au Concordat. En voici la teneur :

ART. 10. — « Il est entendu que la loi curiale actuelle, avec les réglements et coutumes qui s'y rattachent, étant en *complet désaccord* avec les *art. 10, 14, 16 et 17* combinés du Concordat, *ne saurait continuer à être en vigueur.* »

Ici, le raisonnement n'est plus nécessaire. L'article précité abolit *expressément* la loi curiale.

Et c'est après l'abolition si formelle de cette loi qu'on oserait traiter le clergé et même les Évêques en ennemis de l'ordre public, alors que pour obéir à leur conscience ils usent de la sainte liberté qui leur est solennellement garantie !

Impossible de nous objecter les articles 160 et 161 du Code pénal. Les rigueurs de la loi ne peuvent frapper que des délits : or, comment pourrait-on qualifier de délit l'exercice d'un ministère dont la liberté est si nettement stipulée par le Concordat ? Ne serait-ce pas supprimer par la violence les garanties données à l'Église catholique et à ses ministres ?

## VIII. — Le mariage religieux et la légalité *(Suite)*. — Une objection.

Maintenant que nous avons exposé le véritable état de la légalité relativement au mariage religieux, qu'il nous soit permis de demander si, la loi à la main, le prêtre, accusé comme un malfaiteur pour avoir célébré un mariage sans l'exhibition préalable des actes civils, n'aurait pas le droit de citer son accusateur en calomnie, pour lui avoir imputé un délit supposé et pour avoir attenté par cela même à la liberté religieuse.

Je sais qu'il n'est pas de vérité si éclatante qu'on ne puisse obscurcir par quelque sophisme ; j'en ai tant entendu produire et répéter à propos de la liberté de notre mère la sainte Église, que je ne serais pas étonné d'en voir surgir quelqu'un sur la question qui nous occupe. Je les réfuterai, le cas échéant, s'il plaît à Dieu.

En attendant, en voici un qui pourrait bien se produire : Saisissons-le au passage.

On ne saurait disconvenir, dira-t-on, que les articles sus-mentionnés du Concordat laissent au clergé la libre faculté d'exercer son ministère conformément au droit canonique dans toute l'étendue de la République. Il est toutefois bien entendu, dans la note additionnelle à ce traité, qui a la même force obligatoire et a été ratifiée comme lui, « que les ART. 10 et 17 *ne pourront dans aucun cas être interprétés de manière à préjudicier en rien aux droits et attributions propres à l'autorité temporelle.* » L'État n'a-t-il donc pas des *droits et des attributions propres* par rapport au mariage, et peut-il les laisser périmer entre ses mains au grand préjudice de la société ?

Sans doute l'État a des *droits et des attributions propres* en ce qui concerne le mariage ; il lui appartient de régler les intérêts civils des époux. Nous n'avons jamais élevé, nous n'élèverons jamais à ce sujet aucune contestation. Mais les prérogatives de l'État ne peuvent préjudicier en rien *aux droits et aux attributions propres* à l'Eglise, et pour ce qui tient au mariage, elle en a contre lesquels aucune loi ne saurait prescrire. Si donc, aux termes de la note additionnelle en question, il serait essentiellement contraire aux principes du Concordat que l'Église prétendît absorber ou entraver en quoi que ce soit le pouvoir civil dans l'exercice légitime des prérogatives qui lui appartiennent, de même il serait manifestement opposé à l'esprit et à la lettre de notre pacte religieux que l'État vînt usurper ou entraver l'autorité spirituelle dans l'exercice pacifique et régulier des attributions qui lui sont propres. C'est ce qui résulte expressément de la réponse de Son Éminence le cardinal Antonelli à la demande faite par le plénipotentiaire d'Haïti dans la note précitée : « Le Saint-Siége, a-t-il dit, n'a rien tant à cœur que de voir les deux autorités s'exercer d'un commun accord *dans les limites de leurs attributions respectives*, et conserver une harmonie parfaite, qui ne peut que les fortifier l'une et l'autre dans l'intérêt du bien. »

Assurément ces paroles si conciliantes, si cordiales de la part du Saint-Siége ne veulent pas dire : « Les Évêques et le clergé d'Haïti administreront les sacrements, pourvoiront aux intérêts religieux et moraux de leurs ouailles, rempliront un de leurs plus graves devoirs de conscience sous la dépendance des autorités civiles et les rigueurs de la loi. » Elles veulent dire tout le contraire : elles stipulent la liberté pour tous, la liberté pour l'État dans la sphère qui le concerne, la liberté pour l'Église dans la sienne propre. Voilà la raison, voilà le droit qui nous régit.

Quelles sont donc les attributions propres à l'État en ce qui concerne le mariage? Quelles sont les attributions de l'Église? C'est ce qu'il ne faut pas perdre de vue pour prévenir les malheurs que le renversement de l'ordre divinement institué appelle toujours non seulement sur la Religion, mais sur la société civile elle-même.

Les prérogatives des deux autorités découlent nécessairement de leur nature et de leur fin respectives. L'Église, établie de Dieu afin de pourvoir aux intérêts spirituels des hommes et de préparer leur avenir éternel; l'Église, légataire universelle du trésor de la grâce que Jésus-Christ lui a méritée par son sang, n'est pas seulement dépositaire de ce trésor, elle a de plus la mission de le communiquer au genre humain. Elle a donc, de par Jésus-Christ même, la plénitude des pouvoirs nécessaires pour administrer les sacrements et par conséquent le mariage. Toute entrave à l'exercice de ce droit, qui lui a été divinement conféré, porte atteinte aux attributions qui lui sont essentielles et dont la liberté lui est garantie, tant par le texte même du Concordat que par la note additionnelle qui lui est annexée.

De son côté, l'État ayant pour fin de régler sagement, de protéger et de sauvegarder les intérêts temporels des hommes, c'est à lui qu'il appartient de déterminer les effets civils du mariage, de sanctionner par de bonnes lois les droits temporels des époux, des enfants, des ascendants et descendants à tous degrés. Il peut également enregistrer les mariages, et considérer cette inscription comme en étant la preuve légale. A part les effets civils, le mariage ne touche aux intérêts de la société que par le côté moral et religieux. Or cet ordre est évidemment du ressort de l'Église.

Le simple exposé de ces propositions, dont l'évidence est manifeste, suffit pour montrer combien il serait contraire aux notions les plus élémentaires sur l'autorité respective des deux puissances de créer des obstacles au clergé par rapport à la célébration du mariage religieux. Laissez-le donc en paix au lieu de l'entraver, ou plutôt encouragez-le loyalement, lorsqu'il exerce un ministère si bienfaisant pour la société, surtout en Haïti, où le premier et le plus urgent des besoins est de moraliser les masses et d'établir la famille sur des bases chrétiennes.

Nous engageons le lecteur à se bien pénétrer des notions que nous allons donner, dans le chapitre qui va suivre, sur les conditions essentielles à la liberté religieuse.

## IX. — Le Césarisme et la liberté du ministère du prêtre.

Dans un temps et dans un pays où l'on parle si souvent de liberté, et de liberté religieuse en particulier, combien n'en ont qu'une idée fausse et incomplète ! Écoutons à ce sujet un écrivain éminent, un évêque, que personne assurément n'accusera d'être hostile aux libertés publiques.

« La liberté religieuse, dit Monseigneur Dupanloup, ne consiste pas seulement dans le libre exercice *du culte*, ou dans la faculté de se réunir dans une église pour y célébrer le service divin. La liberté du culte est bien autre chose. Quand on parle de liberté des cultes dans le droit public, dans les constitutions, dans les lois, même dans le langage vulgaire, on doit entendre par là non seulement le rite, le cérémonial religieux, qui n'est qu'une partie de la Religion, mais la Religion elle-même. La Religion catholique ne peut donc être appelée libre en un pays que si tout ce qui la constitue, ce qui est nécessaire à son existence, à sa conservation, à sa transmission, y jouit, sous la protection des lois, d'une vraie liberté (1). »

L'Église est une institution sacrée, qui a des droits particuliers au libre exercice de son ministère. Elle a une mission divine, et la faculté d'exercer cette mission lui est garantie par le Concordat et par la Constitution qui régit le pays. Bien plus, une protection spéciale lui est assurée par l'un et l'autre de ces deux documents. Or, je le demande à tout homme de bonne foi, de quelle liberté sérieuse, à plus forte raison de quelle protection spéciale jouirait l'Église en Haïti, si ses ministres ne pouvaient administrer librement les sacrements, y compris le mariage? Est-ce que tout citoyen ne doit pas avoir le droit de faire librement le bien, de remplir sans entraves ces obligations religieuses dans tous les moments de sa vie? Est-ce que la corporation la plus honorable, la plus autorisée, l'Église catholique, peut être dépouillée de sa liberté, alors que l'objet qu'elle se propose répond à l'un des buts les plus nobles, les plus élevés que l'homme puisse se proposer : l'extinction du concubinage, qui souille la face du pays, et l'avancement de la moralité chrétienne au milieu de nos populations, but qu'elle poursuit avec ardeur, et que cependant elle ne saurait atteindre sans le mariage religieux?

« Eh! de quoi donc vous plaignez-vous? s'écrie un partisan à outrance de la légalité. N'êtes-vous pas libre d'exercer votre ministère, toujours sous la dépendance de la loi?»

La réponse est facile.

Il n'a jamais manqué, nous le savons, de légistes disposés

_____

(1) Lettre à un catholique suisse.

à soutenir la légitimité de la juridiction civile en toute matière. Si l'on n'admet pas en effet que le droit et la justice émanent d'une volonté supérieure à toute volonté humaine, on est forcément conduit à les faire procéder de la volonté *du prince*, que le prince soit un roi, un empereur, un président, ou qu'il s'appelle le peuple, et l'on arrive à cette maxime du despotisme que « César a tout, possède tout, peut tout, *Cæsar omnia habet, omnia possidet, omnia potest.* » Nous voilà en plein Césarisme. En vertu de cette maxime, il n'est pas étonnant que l'État se croie en droit de soumettre le ministère du prêtre à son contrôle, de le subordonner à son action et à sa volonté, même en matière de sacrements, et par conséquent lorsqu'il s'agit de mariage.

Mais comment concilier cette omnipotence avec l'esprit et la lettre des institutions haïtiennes ? Vous proclamez la liberté de conscience et la liberté des cultes. Eh bien ! voici un évêque qui parcourt son vaste diocèse, un curé qui se transporte à l'extrémité d'une paroisse, dont il peut à peine visiter une fois ou deux l'année les points les plus reculés. Un grand nombre de fidèles confiés à leurs soins viennent leur demander, au nom de Jésus-Christ, la paix de la conscience et l'honneur chrétien. Munis de tous les pouvoirs de l'Église, ils voudraient en user dans la mesure où la prudence et la charité sacerdotales le leur permettent. Ils le doivent même, puisque leur mission est de réconcilier les âmes avec Dieu et de bannir du sein de leur troupeau les scandales qui le désolent. Mais arrive un agent de la force publique.

— « Au nom de la loi, s'écrie-t-il, je vous somme de laisser ces personnes vivre dans le désordre jusqu'à ce qu'elles aient versé dans la caisse de la commune le tarif fixé, et que les formalités légales aient été remplies !

« — Mais il ne s'agit pas d'une affaire civile : c'est un acte purement spirituel que je vais accomplir.

— Ce n'est pas là la question : la loi vous défend de bénir ce mariage, et j'ai ordre de m'y opposer par la force.

— Et, nous diront les parties, nous voulons profiter de la présence de notre Évêque ou du pasteur de la paroisse, pour nous réconcilier avec Dieu et la société chrétienne.

— Commencez par payer les tarifs et vous mettre en règle avec la commune, vous songerez ensuite à votre âme et à Dieu. Au nom de la loi, je vous ordonne de vous disperser ! »

Et ces braves gens, à qui leur conscience, éclairée par un rayon de la foi catholique, inspire un noble et honorable dessin, vont être obligés de le refouler dans leur cœur et de regagner leur demeure, la honte au front, le remords dans l'âme. Et l'Évêque et le curé devront se retirer aussi devant la force. La seule liberté qui leur reste en cette circonstance est celle de gémir sur le triste état des âmes qu'ils laissent dans le péché, et sur la situation non moins triste du pays qui repousse leur ministère moralisateur.

Je suppose que, par suite du respect que commande la dignité épiscopale, et par crainte de froisser trop ouvertement le sentiment religieux de ces flots de population qui viennent affirmer si hautement leur foi, surtout dans les visites pastorales, la police s'abstienne momentanément. A peine l'Évêque aura-t-il quitté la paroisse que les fidèles seront recherchés, inquiétés, soumis à l'amende, jetés arbitrairement en prison, tout cela pour avoir rempli un simple devoir de conscience et d'honneur. Quant à l'Évêque, il sera livré aux déclamations du journalisme, taillé à merci et carrément traité en ennemi de la société, trop heureux si le ministère public lui fait la grâce de ne pas le traîner devant les tribunaux.

Nous n'exagérons rien : n'est-ce pas ce qui était en voie de s'accomplir au commencement de l'année dernière, si la Providence n'y avait mis bon ordre; ce qui s'accomplirait dans de très-larges proportions, si le gouvernement prenait à tâche de faire observer une loi que des conventions postérieures ont abrogée? nous verrions bientôt les Évêques poursuivis, condamnés, persécutés; le clergé des paroisses dans une situation non moins affligeante, la paix religieuse profondément troublée, et le progrès du pays, — qu'on n'en doute pas, — considérablement retardé.

Que l'on cesse donc d'invoquer, au détriment de biens si précieux, le spectre d'une loi faite sous l'empire de circonstances qui ne sont plus, et abolie dans des temps meilleurs. Il ne faut pas l'oublier, la manie de légiférer et l'abus des lois sont la pire des choses pour paralyser le bien et couvrir les mesures les plus injustes d'un certain manteau d'honnêteté, en les faisant consacrer par l'autorité publique. N'est-ce pas au nom de la loi que le Saint des Saints a été condamné au supplice de la Croix? Nous avons une loi, et selon cette loi il doit mourir (1)! N'est-ce pas au nom de la loi que l'on a défendu aux premiers apôtres de l'Évangile de prêcher la divine doctrine qui devait affranchir l'humanité, et aux chrétiens de l'observer dans toute l'étendue de l'Empire romain pendant trois siècles? Dans les temps modernes, que dis-je, de nos jours, sous les yeux et au sein de l'Europe, n'est-ce pas toujours au nom de la loi que l'on cherche à opprimer les consciences catholiques? Se peut-il rien de plus affligeant?

Encore une fois, non, le Césarisme ne vaut pas mieux en matière de mariage religieux qu'en matière civile et

______

(1) Joann., XIX, 7.

politique; il vaut moins encore et vient se heurter à des droits et à des devoirs d'un ordre bien supérieur. Ne parlons plus de liberté, si l'accomplissement des premiers devoirs de la moralité et de la conscience chrétienne, si l'administration des sacrements de Jésus-Christ sont subordonnés à des formalités civiles dont l'accomplissement est souvent très-difficile, ou même impossible en Haïti, à des tarifs onéreux; le tout sous menace de pénalités très-graves.

C'est une anomalie qui déjà a disparu en droit du Code haïtien par le Concordat. Il est d'un gouvernement vraiment libéral et juste de ne pas l'y faire rentrer.

## X. — Prétextes allégués. — Difficultés évanouies.

Les questions qui touchent à la liberté de l'Eglise ont été enveloppées de tant de nuages dans notre siècle qu'à moins d'études toutes spéciales, il est difficile aux meilleurs esprits de se défendre de quelques préjugés à cet égard. Nous pouvons réduire à deux les objections faites ordinairement contre la liberté du mariage religieux; les empiétements attribués au clergé; les inconvénients qui résulteraient, dit-on, en Haïti surtout, de la priorité du sacrement sur les formalités civiles.

Tout d'abord, je ne m'explique pas, je l'avoue, ce que l'on entend par les empiétements du clergé dans les sociétés modernes.

Dépouillée des biens qu'elle consacrait au service des autels, à la diffusion et au progrès des sciences et des lettres, à l'éducation de la jeunesse, à tous les genres d'œuvres charitables et utiles qui honorent l'humanité, l'Eglise est obligée de rétablir ou de restaurer peu à peu, à travers mille obstacles, les établissements que la barbarie révolutionnaire lui avait enlevés. Dans ces conditions, elle n'en va pas moins porter sous toutes les latitudes le bienfait de la civilisation chrétienne, dont tant de peuples sont encore privés.

Que vous demande le prêtre, lorsqu'il vient verser ses sueurs sous ce brûlant climat? La liberté de se dévouer, de se sacrifier pour vous, de travailler sans relâche à la civilisation, à la moralisation du pays, en gagnant des âmes à Jésus-Christ.

Eh! de grâce, où sont jusqu'ici les empiétements du clergé?

Il veut bâtir des églises pour les multitudes qui n'en ont pas, et il consacre à cette œuvre une partie notable de ses ressources ; il voudrait ouvrir des hospices pour les déshérités du travail et de la fortune ; il tient à cœur de multiplier les écoles pour l'instruction des enfants du peuple ; il entreprend toutes ces œuvres avec un zèle que rien ne rebute. Mendiant lui-même, pour les réaliser, l'obole de tous, il accepte avec joie l'honneur d'une existence qui suffit à peine à ses besoins. Que réclame-t-il de vous? Pas autre chose que la liberté de s'immoler pour votre bonheur. Nous n'avons contre personne aucun sentiment d'aigreur ou d'hostilité. L'ambition n'est jamais entrée dans notre cœur ; ou, si nous en avons une, c'est celle de mourir en faisant le bien au service de l'Église et du pays. Nous avons eu à supporter bien des outrages, à vaincre bien des obstacles, à traverser de bien mauvais jours ; nous avons tout souffert en silence.

Mais les empiétements, où sont-ils, je vous prie?

Eh! quoi, direz-vous, n'est-ce pas un empiétement intolérable de bénir les mariages avant qu'ils aient été célébrés devant le magistrat requis par la loi? S'il en devait être ainsi, le Gouvernement peut bien d'avance donner sa démission et remettre aux mains du clergé le soin de diriger la chose publique.

Je pourrais répondre que pendant dix-huit siècles, il y a eu et qu'il y a encore aujourd'hui des gouvernements bien autrement puissants, des civilisations bien autrement brillantes que celle d'Haïti, au sein desquels le mariage n'a jamais eu le caractère civil que certains législateurs modernes ont prétendu lui attribuer. Cette réponse est bien suffisante pour dissiper les vaines terreurs que la Religion inspire à quelques esprits.

Mais, à considérer le mariage en lui-même, quelle étrange confusion d'idées que de s'obstiner à ne pas faire la distinction entre le *mariage sacrement* et les *droits et obligations temporels* qui en sont la suite ! Le mariage ne fût-il qu'un simple contrat, je pourrais dire que la loi civile ne fait pas les contrats : elle les sanctionne seulement ; elle confère une force, une valeur légale aux engagements pris par les parties ; elle leur donne une action civile sur celle des deux qui aurait manqué à sa parole. A plus forte raison en est-il de même pour le mariage. C'est un contrat naturel, sans doute, mais un contrat *sui generis*, bien au-dessus des autres contrats, puisqu'il a Dieu pour auteur et que Jésus-Christ l'a élevé à la dignité de sacrement. Ce n'est pas la loi qui forme le lien conjugal entre deux époux, elle est radicalement impuissante à cela. Jésus-Christ l'a formellement déclaré dans l'Évangile : *Que l'homme ne sépare pas ce que Dieu a uni.* La loi constate seulement le mariage et fixe, en conséquence, les droits civils qui en découlent.

Mais mon dessein n'est pas de m'étendre plus longuement sur ce sujet. Ceci suffit pour montrer qu'en célébrant les mariages, ce n'est pas le prêtre qui empiète sur les droits de l'État, mais le magistrat qui usurpe le ministère du Pontife, en soumettant à la fois à son autorité, par une erreur étrange de logique et de principes, les effets civils qui dépendent de son ressort et le lien spirituel qui n'en est pas.

Du reste, nous ne touchons point au Code civil. Qu'on tienne le mariage célébré devant le magistrat pour un vrai et légitime mariage, contrairement à l'enseignement catholique, ou qu'on le regarde comme le simple enregistrement d'un engagement religieux, comme une formalité semblable à une déclaration de naissance ou de décès, produisant toutefois des effets civils, ainsi que cela a lieu dans d'autres pays, l'on ne peut s'empêcher de convenir que la célébration religieuse du mariage regarde l'Église, et qu'en accomplissant ce ministère, le prêtre ne saurait tomber sous le verdict de la loi; qu'au contraire, toute entrave apportée sur ce point à ses fonctions sacrées est plutôt une usurpation du pouvoir civil.

On voit par là que la vaine formule si souvent répétée : *L'Église, c'est l'État dans l'État,* appliquée au cas qui nous occupe, est un véritable non-sens. *L'État dans l'État!* Cela voudrait dire qu'il y a dans un même pays deux autorités qui prétendent identiquement aux mêmes droits sur les mêmes matières. L'Église, en Haïti, a-t-elle jamais eu la prétention de régler les effets civils du mariage? Assurément non. Pourquoi, de son côté, l'État prétendrait-il entraver la liberté d'un sacrement qui est entièrement du ressort de l'Église?

Mais le clergé a-t-il donc l'intention de se soustraire aux lois du pays? N'est-il pas obligé de les observer, en vertu du serment qu'il a prêté, conformément à l'ART. 5 du Concordat?

Non, le clergé n'a nullement l'intention de désobéir aux lois établies. Il en doit, au contraire, prêcher l'observation de parole et d'exemple, et grâce à Dieu, c'est ce qu'il fait partout. Lui supposer un instant la pensée de s'insurger contre l'ordre public par la violation des lois qui en sont le soutien indispensable, ce serait lui faire la plus poignante et la plus gratuite de toutes les injures. Aussi le serment concordataire ne stipule rien par rapport à l'observation des lois : il n'était pas nécessaire de confirmer par cet acte solennel une obligation commune à tous les fidèles, clercs et laïques ; il se borne donc à sauvegarder l'autorité du Gouvernement établi, ainsi que les droits et intérêts de la République. En voici le texte :

« Je jure et promets à Dieu, sur les saints Évangiles, comme il convient à un Évêque (ou à un ecclésiastique), de garder obéissance et fidélité au Gouvernement établi par la Constitution d'Haïti, et de ne rien entreprendre, ni directement, ni indirectement, qui soit contraire aux droits et aux intérêts de la République. »

Quand nous avons parlé de la pleine et entière soumission aux lois, il va de soi qu'il ne s'agit pas de lois contraires aux commandements de Dieu et de l'Église, de lois opposées aux devoirs du sacerdoce, compromettantes pour le salut des âmes. Les lois humaines sont toujours subordonnées aux lois divines et aux obligations de conscience qu'elles imposent.

D'ailleurs, sur quelle loi prétend-on s'appuyer pour nous empêcher de remplir nos devoirs religieux par rapport au saint mariage? Sur l'ancienne loi curiale ou sur d'autres prescriptions, formellement abolies, comme nous l'avons démontré plus haut, par les stipulations expresses du Concordat, et qui ne peuvent aujourd'hui revivre dans aucune circonstance et sous aucune forme.

Ne faudrait-il pas bien plutôt accuser d'illégalité et condamner pour ce motif ceux qui ne craindraient pas de troubler l'ordre religieux et civil, en entravant les évêques et les pasteurs des âmes dans l'exercice d'un ministère éminemment moralisateur ; en les privant de leur traitement pour le seul fait d'avoir rempli et fait remplir un devoir de conscience ; en leur interdisant par la violence d'offrir le saint sacrifice de la messe, d'annoncer la parole de Dieu et d'administrer les sacrements dans leurs propres églises ; en contraignant des populations désolées à vivre sans culte ? Tout cela sans autre point d'appui qu'une loi que le temps et les traités ont abrogée et sous le régime de la liberté des cultes !

J'arrive aux inconvénients que l'on se plaît à signaler pour s'opposer à la priorité du mariage religieux.

N'est-ce pas un devoir pour le clergé, dit-on, d'aider loyalement le pouvoir à procurer le bien temporel du peuple ? Or, par la célébration du mariage religieux avant l'accomplissement des formalités civiles, c'est tout le contraire qui a lieu. Nos populations, plongées encore dans l'ignorance et la superstition, s'imaginent que le cérémonial religieux remplace les prescriptions légales et suffit à garantir les droits temporels de la famille. De là quel préjudice porté aux intérêts domestiques ? L'État peut-il tolérer un tel abus ?

Puis qu'arrive-t-il souvent ? Des personnes religieusement mariées, à la suite d'une contrariété domestique, profitent de la liberté qui leur est accordée par la loi pour convoler civilement à d'autres liens. N'est-ce pas là multiplier les scandales ?

Je n'affaiblis pas la force de ces deux objections. Elles ont de prime-abord quelque chose de spécieux ; mais au fond leur valeur est plus apparente que réelle.

Je commence par nier ce que la première affirme. Non, il n'est pas aujourd'hui un seul Haïtien, si arriéré qu'on le croie, qui puisse attribuer au mariage religieux la prérogative de produire des effets civils; nous déclarons trop formellement en chaire et dans la célébration même des mariages qu'il n'en est pas ainsi, pour qu'on puisse s'y méprendre. Je ne sais pourquoi l'on soulève cet épouvantail. Les bons habitants de nos montagnes ne s'y trompent jamais. Ils se gardent bien de confondre le magistrat communal ou le notaire de leur résidence avec le curé. Quand il s'agit de leurs intérêts temporels, c'est toujours aux premiers qu'ils s'adressent et non au prêtre. S'il y a à craindre de leur part quelque péril d'illusion, c'est toujours en faveur de la puissance séculière. Il leur arrive assez souvent de lui attribuer les droits et les prérogatives de l'autorité spirituelle, jamais de supposer à celle-ci les attributions propres aux magistrats civils. Nous en avons tous les jours la preuve, et pouvait-il en être autrement après que soixante années d'asservissement de l'Eglise à l'Etat les avaient habitués à voir la main du Pouvoir promener son omnipotence en tout et en toute matière? Le danger n'est donc pas de ce côté.

Que si les parties ne vont pas se faire enregistrer après le mariage religieux, à quoi faut-il l'attribuer? Est-ce à l'accomplissement de ce grand devoir de la loi divine? Il serait insensé de le penser et plus encore de le dire. Est-ce qu'au contraire la satisfaction de la conscience des époux n'est pas le mobile le plus propre à les déterminer à remplir leurs devoirs civils, à assurer l'avenir temporel de leurs enfants? Est-ce que les exhortations du ministre de l'Eglise, toujours si religieusement écoutées, ne sont pas le plus puissant stimulant pour les y porter? Et de fait un bon nombre de ceux qui ont été mariés en face de l'Eglise s'empressent d'aller se présenter à l'officier civil de leur commune pour régulariser leur situation devant la loi. S'ils n'y vont pas, encore une fois à qui la faute?

Est-ce à l'Eglise? Aimeriez-vous mieux les voir croupir dans la honte du concubinage ou de la polygamie, et croyez-vous qu'en cet état de dégradation ils seraient plus disposés à régler leurs intérêts temporels par les actes légaux? Ils le seraient beaucoup moins, et même à ce point de vue le mariage religieux est un grand progrès, qu'il faudrait encourager et dont on devrait féliciter le clergé.

« Il n'y a pas de pire tactique que de tirer sur ses troupes, » dit un vieil adage.

Voulez-vous régulariser même civilement la famille en Haïti? Ce ne sera pas, certes, en faisant revivre des lois surannées, illibérales, notoirement abolies, que vous y parviendrez. Appuyez-vous plutôt sur la seule force capable de secouer l'apathie des populations, celle de la Religion. Et comme la Religion n'exerce son influence salutaire que par le sacerdoce, donnez au ministère du prêtre toute la liberté dont il a besoin pour vous aider à civiliser le pays. Quand tous les Haïtiens seront élevés à la dignité d'époux chrétiens, il n'y aura plus rien à craindre pour les intérêts civils des familles. Laissez donc le prêtre faire entendre librement aux consciences la grande et sainte voix de la Religion. Honorez son ministère spirituel, au lieu de lui en faire un crime digne de l'amende, du cachot ou de l'exil. Voilà la vraie liberté. N'en ayez pas peur, c'est le gage du salut.

J'ai déjà signalé, je signale de nouveau les vrais, les seuls obstacles à la régularisation civile et religieuse des mariages et aux intérêts temporels des familles : c'est l'incurie ou trop souvent le mauvais exemple des autorités locales, ce sont les tarifs exagérés de la commune, c'est la concussion. Là est le mal, c'est là qu'il faut appliquer le remède. Quant à la loi curiale, vouloir la ressusciter aujourd'hui, ce serait, nous l'avons suffisamment dit et prouvé, porter un coup fatal aux graves intérêts que le clergé n'a pas moins à cœur de sauvegarder que l'autorité civile elle-même.

J'arrive à la seconde objection.

Sans doute il peut arriver, il arrive même quelquefois que des personnes mariées en face de l'Église profitent de la liberté que leur accorde la loi civile pour donner le scandale de l'adultère. Ces faits, profondément regrettables, sont heureusement rares et nullement en proportion avec la plaie du concubinage qui couvre encore le pays. Que prouvent-ils d'ailleurs, sinon combien est déplorable le désaccord qui existe entre la loi civile et la loi canonique relativement au mariage? Dans tous les cas, ces faits isolés, dont nous gémissons les premiers, ne sauraient nous empêcher de porter remède à un fléau bien plus général et bien autrement nuisible à la société haïtienne.

Comment d'ailleurs faire retomber ces scandales sur la conduite du clergé, quand la loi du divorce laisse malheureusement aux époux chrétiens une si grande liberté de rompre leurs engagements sacrés, et donne sa sanction à une union que la loi divine regarde comme un sacrilège et un adultère?

## XI. — Parallèle entre la loi française et la législation d'un grand nombre de pays civilisés, relativement à la célébration du mariage.

N'est-il pas étonnant, dira-t-on, qu'un clergé recruté en France ignore les lois et les usages de son propre pays, au point de vouloir élever en Haïti des prétentions qu'aucun ecclésiastique ne songe à s'arroger dans ce foyer de la civilisation européenne ? Est-ce qu'en France il n'y a pas aussi un Concordat comme chez nous ? Ou bien ce qui est autorisé par delà l'Océan peut-il être un crime ailleurs ?

Il suffit d'un instant de réflexion pour dissiper ce que cette objection peut avoir de force apparente. Oui, nous l'avouons avec franchise, l'obligation légale de faire précéder le mariage religieux de la présentation des actes civils existe en France. Faut-il en conclure que cette obligation soit légitime et vraiment utile, surtout parmi nous ? Nous le nions absolument.

D'abord en quel temps fut établie la loi française actuelle sur le mariage ? Ce fut en 1791, sous l'empire des passions antireligieuses les plus violentes, et à la suite de la constitution civile du clergé. Elle est la conséquence de cet empiétement sacrilége sur les droits de l'Église, qui allait provoquer tant de scandales dans le sanctuaire, ouvrir pour les prêtres fidèles à la foi et aux principes de la hiérarchie l'ère d'une des plus cruelles persécutions que l'impiété ait jamais suscitées contre le sacerdoce catholique ; bannir de leur patrie tant de saints et de savants ministres des autels, l'édification et l'honneur du clergé de France ; entasser tous les autres dans les pontons ; verser à grands flots le sang de ceux qui n'hésitaient pas à braver l'échafaud, en demeurant au milieu des populations, qui eussent été privées, même à l'heure de la mort, des consolations religieuses.

Voilà dans quelles circonstances fut promulguée la loi française sur le mariage. Aussi n'est-il pas étonnant qu'elle soit si peu en harmonie avec les principes et les intérêts de notre sainte Religion.

Heureusement nous sommes bien loin d'être aujourd'hui en Haïti dans des circonstances analogues. Il s'agit non de démolir, mais d'édifier ; non d'établir au sein de la nation une lutte entre les croyances et les lois, mais de mettre à son service toutes les forces vives capables de la relever, et surtout la puissante influence de l'élément religieux ; non de décourager un clergé honorable et plein de zèle, en le présentant au peuple comme l'ennemi de son bien-être et des institutions du pays, quoique les faits proclament hautement le contraire, mais de profiter des sympathies et de la confiance dont il est entouré pour l'avancement moral des populations.

Pourquoi d'ailleurs vouloir s'obstiner à modeler la loi haïtienne sur la loi française ? N'est-ce pas un principe de haute sagesse en matière de législation de considérer tout d'abord pour quel pays on fait des lois, quel est le degré d'avancement du peuple, quels sont ses besoins ou ses habitudes ? On ne transporte pas les lois d'un pays à un autre comme des plantes, encore bien que celles-ci mêmes ne puissent pas vivre également sous tous les climats. Les lois ne sont sages et durables qu'autant qu'elles sont déterminées par les circonstances et les dispositions du pays et du peuple qu'elles ont à régir. Cette réflexion si simple suffit, ce me semble, pour faire apprécier la logique de ceux qui prétendent conclure de la France à Haïti.

En France, tout le monde est marié.

En Haïti, c'est à peine s'il y a un vingtième de la population qui le soit.

En France, le concubinage est flétri à tel point qu'un concubinaire public ne serait pas admis dans la société.

En Haïti, cette flétrissure morale n'existe pas.

En France, les communes sont nombreuses et très-rapprochées; les chefs-lieux communaux sont à peine distants de quatre ou cinq kilomètres l'un de l'autre; il y a de bonnes routes parfaitement entretenues, les déplacements se font rapidement et sans frais; rien n'est plus simple et plus facile que de remplir une formalité civile quelconque.

En Haïti, les communes sont immenses, et chacun sait ce qu'il faut penser de l'état des routes; tout déplacement est dispendieux et difficile.

En France, il y a un maire dans chaque commune, le papier timbré ne fait jamais défaut, les heures de bureau sont régulières.

Peut-on en dire autant d'Haïti?

En France, les enregistrements des mariages sont *gratuits*. La concussion serait frappée des peines les plus graves si elle venait à se produire.

En Haïti, où il faudrait encourager le mariage parmi nos populations pauvres, au lieu de l'imposer, de lourds tarifs sont encore en vigueur; ils sont exigés de tous. La concussion s'exerce d'une manière scandaleuse et demeure impunie.

Et vous voulez assimiler Haïti à la France quant aux conditions civiles à remplir préalablement au mariage religieux! Est-ce raisonnable et sensé, surtout est-ce utile à ce pauvre peuple dont vous prétendez défendre les intérêts?

Vous voulez imiter la France, vous avez raison. Cette belle France catholique, la fille aînée de l'Eglise, a créé une multitude d'œuvres, d'institutions de tout genre qui sont l'éternel honneur d'une nation, et peuvent à bon droit exciter l'admiration et l'envie des autres peuples. Par ailleurs, son organisation est merveilleuse, ses ressources sont d'une fécondité qui étonne, son commerce est honorable entre tous. Je me garderai toutefois de vous dire : copiez servilement la France, et faites au pays l'application de toutes ses institutions et de toutes ses lois. Je vous dirai plutôt avec saint Paul aux fidèles de Thessalonique : *Omnia probate, quod bonum est tenete :* «Eprouvez toutes choses, conservez ce qui est bon (1). »

La loi française sur le mariage n'est pas meilleure en France qu'en Haïti. Mais, attendu les différences radicales que nous avons signalées plus haut entre les deux pays, elle y a infiniment moins d'inconvénients. Elle en a pourtant de considérables, contre lesquels proteste en ce moment la conscience publique, et que signalent dans de savantes conférences, dans des revues et autres publications du plus haut intérêt, les publicistes et les jurisconsultes les plus distingués (2).

Savez-vous quel a été le résultat pratique de cette loi pendant le cours d'un siècle environ ? Il y a aujourd'hui en France deux fois plus d'enfants illégitimes qu'en 1791. Qu'est-ce que cela prouve, sinon que c'est un leurre de l'invoquer au secours des intérêts des familles, et que les liens domestiques, si honorables entre les bras de la Religion, perdent leur prestige et se relâchent quand on les arrache du sein de cette mère de la prospérité du genre humain?

Que ne portons-nous plutôt nos regards autour de nous? Quelle est la législation des pays qui nous environnent? Certains esprits prévenus s'effaroucheraient peut-être si j'allais demander à un peuple pleinement catholique des leçons sur le mariage : aussi m'en garderai-je bien. A la

____

(1) Thess., v, 21.

(2) Voir les *Conférences* de M. Lucien Brun, professeur à la faculté de droit de Lyon, et les articles du R. P. Martigny sur cette matière, dans les *Études religieuses.*

Jamaïque, à Saint-Thomas, à Porto-Rico, dans les îles anglaises, danoises, espagnoles des Antilles et dans leurs métropoles ; aux Etats-Unis, où l'on se pique surtout d'indépendance, chacun se marie sans obstacle devant le ministre de son culte et présente le certificat de son union au magistrat civil, qui l'inscrit au rôle des mariages. On nous l'accordera bien volontiers, je pense, ces pays ne sont pas des pays barbares. Est-ce qu'en laissant au mariage son caractère religieux, leurs gouvernements respectifs ont abdiqué les droits qui leur sont propres? Nullement. Ils en sont tous aussi jaloux qu'on peut l'être en Haïti et ailleurs. Est-ce que les droits civils des citoyens et des familles n'y jouissent pas de toutes les garanties désirables? Incontestablement rien ne souffre chez eux à cet égard. Pourquoi donc faudrait-il qu'en Haïti, dans un pays catholique, le mariage religieux fût entouré d'un réseau de formalités civiles, et que le prêtre y rencontrât des difficultés qu'il ne trouve pas en pleins pays protestants? C'est encore une fois une anomalie que nous demandons sérieusement de faire disparaître chez nous, dans l'intérêt de tous.

# CONCLUSION.

Cet écrit, malgré sa brièveté, nous semble avoir suffisamment éclairci la question de la liberté du mariage religieux en Haïti. Nous croyons avoir démontré, de manière à ne laisser aucun doute dans un esprit sérieux, que :

L'état moral du pays,

La nature purement spirituelle du ministère sacerdotal,

La nécessité et l'efficacité souveraine de ce ministère tout divin pour faire disparaître la lèpre des unions illégitimes,

La dignité du prêtre et l'obligation qui lui est imposée par sa mission même de procurer le salut des âmes, exigent impérieusement cette sainte et précieuse liberté ;

Que ni les lois antérieures au Concordat, ni celles qui ont été faites depuis, ne peuvent ni paralyser, ni entraver le droit garanti au clergé de remplir ses fonctions sacrées *conformément à la discipline en vigueur dans l'Église, approuvée par le Saint-Siége ;*

Que cette prérogative ne peut nuire en rien aux droits et attributions propres à l'État ;

Que loin d'être contraire aux intérêts des familles, elle est le moyen le plus efficace de les moraliser et de les amener à l'accomplissement de leurs devoirs civils ;

Que les inconvénients isolés qui peuvent se rencontrer n'ont aucune proportion avec les avantages que présente la libre action de l'Église en cette matière ;

Enfin que les pays civilisés qui nous entourent, loin de mettre obstacle à cette action bienfaisante, n'hésitent pas à donner la sanction de la loi au mariage religieux.

Ce qui produit si près de nous des résultats dont les pays

les plus éclairés n'ont qu'à se féliciter, en produirait ici de meilleurs encore si le Gouvernement voulait accepter l'offre, que nous lui renouvelons, de prêter à ses agents un loyal concours pour dresser les actes civils.

La situation pleinement régulière et normale serait que l'union religieuse, reconnue par la loi, produisît les effets civils du mariage. Si l'on ne nous accorde pas tout ce que la plénitude du droit, ce que la doctrine catholique demande, du moins qu'on ne songe pas à enchaîner notre ministère spirituel, qu'on nous affranchisse de la priorité obligatoire des formalités municipales, et que les catholiques haïtiens, exempts de la taxe immorale qui pèse sur le mariage, jouissent de la faculté de pouvoir, à leur convenance, recevoir la bénédiction de l'Église avant ou après les formalités civiles. Tel est le minimum de liberté que le Concordat nous assure, et que nous réclamons en vue des intérêts les plus précieux de la Religion et du pays.

Port-au-Prince, le 20 mai, en la solennité de la Pentecôte.

† ALEXIS-JEAN-MARIE GUILLOUX,

Archevêque de Port-au-Prince.

*P.-S.* — Nous venions de terminer ces pages lorsque nous a été remis un exemplaire du Message de Son Excellence le Président d'Haïti à l'Assemblée nationale, sur la situation générale du pays. J'y ai lu avec surprise une critique fortement accentuée de mon mandement sur le mariage et de la conduite que j'ai cru devoir tenir, en toute conscience, dans mes dernières tournées pastorales, envers ceux de mes diocésains qui sont venus en si grand nombre me supplier de les retirer du concubinage public où ils vivaient.

Cet opuscule contient ma réponse aussi formelle qu'elle peut l'être.

Je proteste énergiquement contre l'intention qu'on me prête d'avoir voulu braver les lois du pays. Je ne repousse pas avec moins d'énergie l'accusation d'avoir causé préjudice aux intérêts des familles. J'ai fait tout le contraire : j'ai engagé sans cesse les fidèles à observer la loi, et, à la suite de mes exhortations, les magistrats civils ont enregistré l'union d'un grand nombre d'époux dont les affaires temporelles n'eussent très-probablement jamais été régularisées.

# TABLE DES MATIÈRES




Typ. Oberthur et fils à Rennes.

www.ingramcontent.com/pod-product-compliance
Lightning Source LLC
Chambersburg PA
CBHW051149050726
47594CB00003B/1310